Inhaltsverzeichnis

Vorwort

Du bist blond und hast dich bisher durch Einladungen, Pizza-Service oder Muttis Brotzeitpakete vor dem Verhungern gerettet? Dann ist es Zeit, sich von der Haarfarbe zu emanzipieren und ein Klischee zu widerlegen: **Nimm die Herausforderung an und lerne, gut zu kochen!**

Keine Angst, es wird deinem Ruf als Blondine nicht schaden – im Gegenteil, denn Liebe geht ja bekanntlich vor allem bei Männern durch den Magen. Und deine neugewonnenen Kochkünste werden deine anderen Blondinen-Attribute nur noch besser in Szene setzen.

Alles, was du jetzt brauchst, findest du in diesem Kochbuch: Im **Ratgeberteil** wird nicht nur der Unterschied zwischen Kühlschrank und Herd erklärt, sondern ebenso, weshalb man einen Schneebesen auch im Sommer benutzt und was man tut, wenn die Suppe mal wieder versalzen ist. Die vielen **Rezepte** fangen bei „echt einfach“ an: Hast du erst einmal ein leckeres Tütensüppchen erfolgreich auf den Tisch gebracht, ist alles andere nur noch ein Kinderspiel. Und am Ende kannst du mit einem kompletten Menü sämtliche Trümpfe ausspielen!

Folge den Anleitungen – und der Kochspaß kann beginnen. Denn Kochen ist doch nicht immer Glückssache ...

Viel Erfolg und guten Appetit!

Lektion 1 – Küche und Werkzeuge

Küche

In jeder einigermaßen vernünftig ausgestatteten Wohnung befindet sich eine Küche oder zumindest eine Kochnische. Dies ist der zukünftige Ort des Geschehens, an dem wir uns nun etwas näher umsehen werden. Neben Spülbecken, Spülmaschine, Kühlschrank und Schränken sollte hier ein besonders wichtiges Gerät stehen: der Herd.

Herd

Dieses zum Kochen und Backen unerlässliche Utensil hat auf der Oberfläche 4 runde Flächen und auf der Frontseite sind kleine Drehknöpfe angebracht. Etwas unterhalb davon befindet sich ein großes Fenster. Bevor man an den Knöpfen dreht, sollte man sich darüber im Klaren sein, dass dadurch Hitze ausgelöst wird, die bei unsachgemäßer Handhabung einen Brand zur Folge haben kann (Feuerlöscher bereithalten!). Am besten lässt du dir vor der Benutzung alles genau erklären – z. B. von einer fachkundigen, brünetten Freundin oder von dem netten Nachbarn.

Kühlschrank

Man kann ihn ruhig wörtlich nehmen: Er ist ein Schrank, der kühlt. Öffnet man seine glatte weiße Tür, kommt ein kalter Hauch heraus. Keine Angst, das ist gewollt, denn Milch, Joghurt, Butter und Wurst halten sich länger, wenn sie nicht der warmen Raumtemperatur ausgesetzt sind. Die meisten Kühlschränke verfügen auch noch über ein Tiefkühlfach. Darin herrscht Eiseskälte, weshalb man es nicht zu lange geöffnet lassen sollte, wenn man keine Erkältung riskieren möchte. Hier werden Lebensmittel aufbewahrt, die man längerfristig auf Vorrat halten will, wie z. B. Eis, Tiefkühlpizza oder Fischstäbchen. Vergiss nicht, dass diese Lebensmittel vor dem Verzehr erhitzt werden müssen (jetzt kommt wieder der oben genannte Herd ins Spiel) – das Eis natürlich nicht.

Vorratsschrank

Ein weiterer Bestandteil der Küche ist der Vorratsschrank, in dem Lebensmittel, die nicht leicht verderblich sind, trocken und dunkel gelagert werden. Dies sind z. B. Müsli, Nudeln, Reis und natürlich die obligatorischen Konservendosen, aus denen du dich bisher ernährt hast – das wird sich mit diesem Kochbuch allerdings bald ändern. Meist gibt es in der Küche noch weitere Schränke, die sämtliche Utensilien und Küchenwerkzeuge, die man zum Kochen braucht, enthalten. Worum es sich hierbei im Einzelnen handelt, erfährst du auf der gegenüberliegenden Seite.

Werkzeuge

Besteck
Ok, das kennst du natürlich schon, gibt's schließlich auch beim Italiener nebenan.

Dosenöffner und Korkenzieher
Endlich zwei Werkzeuge mit korrekter Bezeichnung … die in keinem Haushalt fehlen dürfen. Auch wenn du mit diesem Buch super kochen lernst, wird die Konservendose immer mal wieder eine Rolle spielen. Und was nutzt das perfekte Candlelight-Dinner, wenn man die Weinflasche nicht öffnen kann?

Kochlöffel
Dieser Begriff ist auf keinen Fall wörtlich zu nehmen. Also bitte nicht den Löffel kochen, sondern das Kochgut damit umrühren, damit es nicht anbrennt.

Messer
Ohne Messer geht in der Küche gar nichts! Aber mit bald auch nicht mehr, wenn du nicht äußerst vorsichtig zu Werke gehst, sondern dir den Finger abschneidest (Notrufnummer bereithalten!). Im Übrigen sind Messer nicht zum Messen da – man teilt mit ihrer scharfen Klinge größere Stücke in kleinere. Das verkürzt die Garzeit und vereinfacht die spätere Nahrungsaufnahme … wer will sich schon eine ganze Aubergine in den Mund schieben?

Mixer
Ein Mixer ist sozusagen die elektrische Version eines Schneebesens (siehe dort), nur schneller.

Pfannenwender
Damit wendet man nicht die Pfanne, sondern die Dinge, die sich in der Pfanne befinden. Schließlich haben Steaks oder Pfannkuchen zwei Seiten …

Schneebesen
Zum Kehren von Schnee ist er gänzlich ungeeignet – aber durchaus nützlich, um damit Eischnee oder Schlagsahne herzustellen. Kann auch im Sommer benutzt werden.

Sieb
Hier handelt es sich um eine Schüssel mit Löchern. In Wasser gekochte Nudeln oder Ähnliches werden hineingegossen, das Wasser fließt durch die Löcher ab und zurück bleiben die festen Bestandteile. Unerlässlich für alle Nudelgerichte – es sei denn, du wolltest Nudelsuppe kochen.

Schneidebrett
Damit bei der Benutzung eines Messers der Tisch nicht gleich mitgeschnitten wird, legt man ein Schneidebrett unter (nein, nicht unter den Tisch, unters Messer).

Teller
siehe unter „Besteck“

Töpfe und Pfannen
Diese Gerätschaften sind unerlässlich zum Kochen und Braten. Man gibt die entsprechenden Lebensmitteln hinein, stellt sie auf eine der runden Flächen des Herdes und schaltet die Hitze ein. Ab jetzt wird deine volle Aufmerksamkeit benötigt, damit nichts anbrennt und dein schönes Essen nicht mitsamt der Küche in Flammen aufgeht!

Lektion 2 – Lebensmittel (die Basics)

Fleisch und Fisch

Als tierliebender Mensch magst du eigentlich kein totes Tier essen – aber es muss ja nicht gleich ein Chihuahua sein: Im Supermarkt gibt es sauber abgepackte Produkte, denen man ihre Herkunft zum Glück nicht ansieht.

Gemüse, Salat und Obst

Hier gilt ausnahmsweise: Viel hilft viel. Lebensmittel aus dieser Gruppe enthalten Inhaltsstoffe mit solch interessant klingenden Namen wie Vitamine, Serotonin, Flavonoide oder Antioxidantien. Die musst du nicht aussprechen können – es reicht, wenn du sie in Form von Obst und Gemüse zu dir nimmst und damit Körper (hält schlank und fit) und Geist (fördert die Hirnfunktion) etwas Gutes tust.

Getränke

Klar, der Prosecco steht kalt – vielleicht kommt aber auch mal männlicher Besuch und ein Bier wäre ganz schön … Wasser ist Pflicht, schließlich soll ja das Gehirn nicht austrocknen.

Kräuter und Gewürze

Frische Kräuter und exotische Gewürze machen aus einem einfachen Gericht etwas Besonderes. Sie beleben die Sinne und geben den Speisen erst die richtige Würze. Wenn es also mal wieder nur Spaghetti gibt – einfach ein wenig Thymian, Rosmarin und Salbei dazugeben, mit einer Prise Chili würzen und fertig ist das schmackhafte Nudelgericht. Du machst es doch genauso: Findest du dein Outfit langweilig, greifst du ja auch zu Schmuck und Schminke …

Nudeln, Reis und Co.

Diese Lebensmittelgruppe, zu der auch Brot und Kartoffeln gehören, ist reich an Kohlenhydraten und wird deshalb von allen Figurbewussten geächtet. Aber ganz so böse sind sie gar nicht: Kohlenhydrate sichern die Energieversorgung des Körpers, sie sind quasi der Treibstoff für Muskeln und Gehirn. Du kannst also aufatmen – Nudeln sind schließlich echt einfach und schnell gemacht und das perfekte Gelinggericht für Blondinen.

Milchprodukte und Eier

Wie Kleopatra in Milch zu baden, ist vielleicht etwas übertrieben – aber auch als Bestandteil der täglichen Ernährung sind Milchprodukte der Schönheit dienlich. Sie enthalten nämlich ganz schön viel Kalzium und sorgen so für kräftige, gesunde Zähne und Knochen. Wer keine Laktose-Unverträglichkeit hat, kann hier also getrost zugreifen. Auch das Ei ist nicht so schlecht wie sein Ruf: In Maßen genossen, steigert es nicht den Cholesterin-Spiegel und versorgt den Körper mit wichtigen Proteinen. Ab und zu solltest du also auch mal ein Ei in die Pfanne hauen statt es immer nur in die Haare zu schmieren.

Lektion 3 – Erste Hilfe (wenn mal was schiefgeht)

Angebranntes Essen

Es riecht angebrannt? Das ist ein eindeutiges Indiz, dass tatsächlich etwas angebrannt ist! Jetzt heißt es schnell handeln: Kuchen sofort aus dem Ofen nehmen (Achtung! Heiß! Nur mit Topflappen anfassen!) und begutachten. Ist er komplett verkohlt, hilft nur Wegwerfen, hat er lediglich eine zu dunkle Oberfläche, kann man noch etwas retten, indem man die oberste Schicht abkratzt oder abschneidet und dunkle Glasur darübergibt.

Ist das Essen auf dem Herd im Topf angebrannt, kann man eventuell noch etwas retten: Sofort das Gargut in einen neuen Topf umfüllen und dabei NICHT nicht umrühren, damit sich das Angebrannte nicht mit dem intakten Essen vermischt. Ist die Kruste auf dem Topfboden jedoch schon einige Zentimeter hoch, hilft nur noch eins: wegwerfen ... und entweder einen Diättag einlegen oder den Pizza-Service anrufen!

Nudeln kleben zusammen

Um das Zusammenkleben von Anfang an zu verhindern, muss genug Wasser im Topf sein (je 100 g Nudeln 1 l Wasser). Außerdem solltest du während des Kochens mehrmals mit einer Gabel umrühren. Hast du alles vergessen? Macht nichts – hole den verklebten Strang mit der Gabel heraus und schneide ihn ab. Falls du dann zu wenig Nudeln übrig hast – gut für die Figur!

Klümpchen in der Soße

Vor allem bei Soßen, in die Mehl eingerührt wird, können sich schnell kleine Klümpchen bilden. Die müssen natürlich raus, wenn du deinen Ruf als frischgebackene Kochgöttin nicht ruinieren willst! Am einfachsten ist es, die Soße durch ein feines Sieb zu streichen. Sind sehr viele Klümpchen in der Soße, kann man sie vorher noch pürieren. Anschließend wieder in den Topf oder zum Braten gießen – und aufatmen!

Versalzene Suppe

Du hast die Suppe versalzen, obwohl du weder verliebt bist noch dich an jemandem rächen willst („dem versalze ich gründlich die Suppe …“)? Dann gibt es nur eine Erklärung: Schusseligkeit. Warum auch immer – es gibt Mittel und Wege, um die Suppe doch noch zu retten: Eine rohe, geschälte Kartoffel dazugeben und bis zum Ende mitkochen, damit sie das überschüssige Salz aufnimmt. Hilft das immer noch nicht, kann man die Flüssigkeitsmenge erhöhen, indem man Wasser, Sahne oder Milch hinzufügt. Versalzenen Reis kannst du in ein Sieb geben und mit Wasser abspülen.

Zu heißes Fett

Wenn das Fett in der Pfanne zu heiß geworden ist und bereits zu qualmen anfängt, sollte man es nicht mehr verwenden, sondern nach dem Abkühlen mit Küchenpapier auswischen. Dann die Pfanne spülen und frisches Fett erhitzen. Damit das Ganze nicht wieder von vorne losgeht, solltest du rechtzeitig prüfen, ob das Fett den richtigen Hitzegrad erreicht hat. Dafür bitte NICHT den Finger benutzen, sondern einen hölzernen Kochlöffelstiel: Bilden sich am Stiel kleine Bläschen, ist die Temperatur genau richtig, um das Bratgut hineinzugeben.

Lektion 4 – Gut zu wissen

Klar, du weißt jetzt, was sich in der Küche befindet, welche Küchenwerkzeuge du wofür benutzen kannst, welche Lebensmittel du verarbeiten kannst und was du tun musst, wenn etwas schiefgeht. Nun kannst du es kaum erwarten, loszulegen – aber stop! Ein paar Kleinigkeiten solltest du noch wissen: z. B. wie man sich bei Tisch benimmt (kann vor allem beim ersten Rendezvous ausschlaggebend sein …), wieviel ein Milliliter ist (spielt bei den Zutaten eine nicht unwesentliche Rolle) oder wo das Eis im Kühlschrank gelagert wird (bitte niemals in der Tür!).

Knigge

Besteck

Links vom Teller liegt die Gabel, rechts das Messer und der Suppenlöffel, oberhalb der Dessertlöffel. Bitte auch benutzen und nicht mit den Fingern essen.

Gläser

Möglichst am Stiel anfassen und vorsichtig daraus nippen, damit nicht der ganze Lippenstift am Glas haftet.

Haltung

Haltung bewahren ist in jeder Hinsicht angeraten. Also keine Ellbogen auf den Tisch und auch nicht zu weit vorbeugen – dein Dekolleté kommt auch so gut zur Geltung.

Was ist was und wenn ja, wie viele?

Gut zu wissen, was die Abkürzungen bedeuten, die man in jedem Kochbuch findet. Hier sind die häufigsten:

kg	Kilogramm	1 kg = 1000 g
g	Gramm	1000 g = 1 kg
l	Liter	1 l = 1000 ml = 1 kg = 1000 g
ml	Milliliter	1 ml = 1 g
cl	Zentiliter	1 cl = 10 ml
EL	Esslöffel	1 EL = 1 gestr. EL = 15 ml = 15 g
TL	Teelöffel	1 TL = 1 gestr. TL = 5 ml = 5 g
1 Tasse		ca. ⅛ l = 125 ml = 125 g
1 Becher		ca. ¼ l = 250 ml = 250 g
Msp.	Messerspitze	die Menge, die auf die Spitze eines Küchenmessers passt
Pr.	Prise	die Menge, die zwischen Daumen, Zeige- und Mittelfinger passt
Bd.	Bund	
St.	Stück	
Pck.	Packung	
Pk.	Päckchen	
gestr.	gestrichen	
geh.	gehäuft	

Rauchen
Während des Essens und zwischen den Gängen grundsätzlich verboten – vor allem, wenn dein Gast Nichtraucher ist.

Reden
Gegen eine gepflegte Unterhaltung bei Tisch ist nichts einzuwenden, aber bitte nicht mit vollem Mund! Das sieht nicht gut aus und führt eventuell zu Erstickungsanfällen.

Schminken
Bei Tisch absolut unerwünscht – und auch nicht nötig: Die Aufregung wird dir sowieso eine leichte Röte auf deine Wangen zaubern.

Serviette
Ist nicht zum Naseputzen gedacht und sollte auch nicht in den Ausschnitt gesteckt werden. Richtig ist vielmehr: zum Rechteck falten und auf den Schoß legen.

Was gehört wo hin?

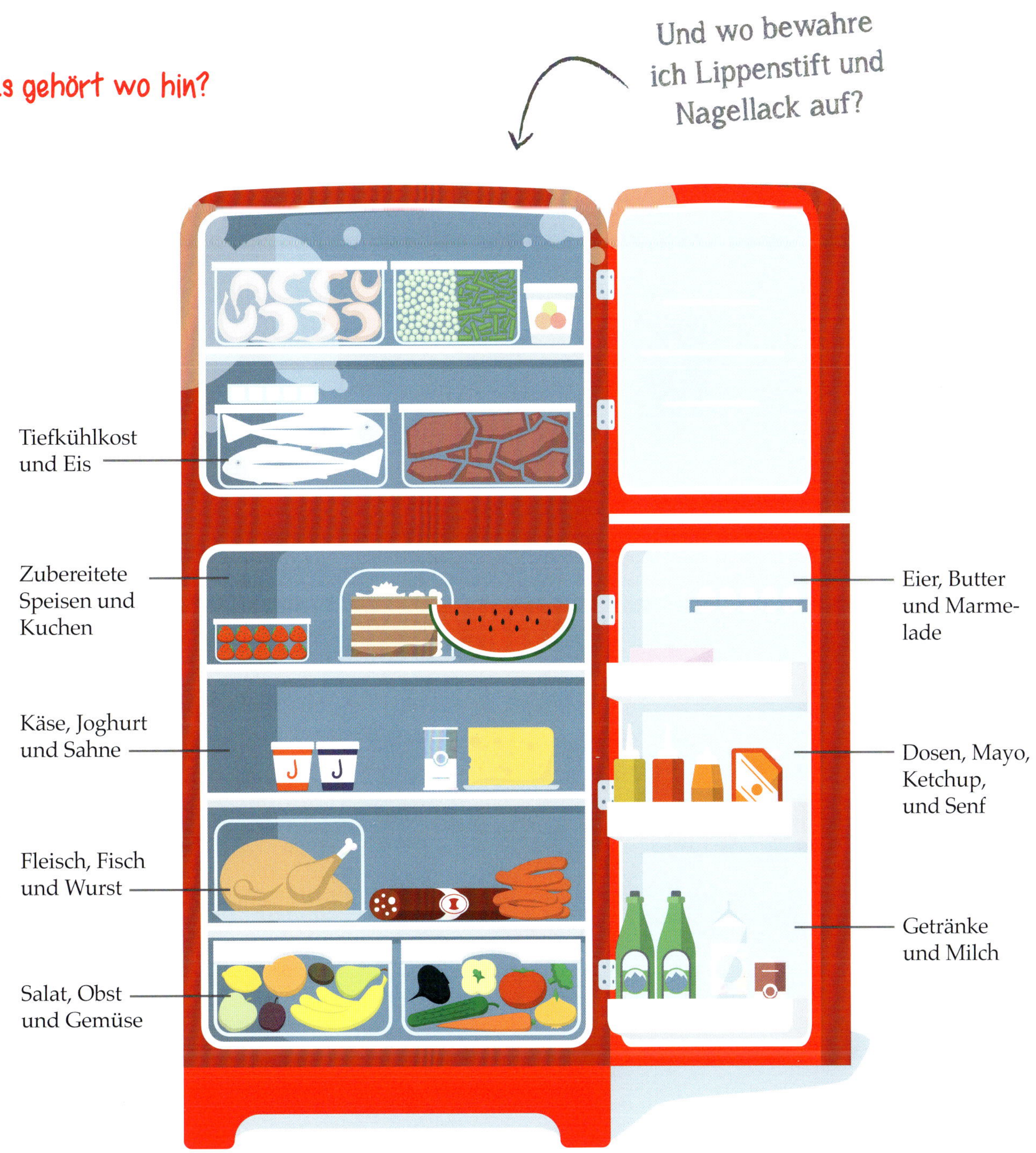

Die Schüssel hab' ich im Schlussverkauf ergattert.

Sogar meine Spaghetti sind richtig knackig!

Kaffee kochen kann ich ...

Für die Pilzsuppe muss ich noch üben.

Meine ersten Ravioli!

Hier geht's um die Wurst!

Ich steh' auf Schokolade!

Echt einfach – Rezepte für Wasserstoffblonde

Du konntest bisher einen Kochtopf nicht von einem Cremetopf unterscheiden? Dann bist du hier genau richtig! Starte mit deinen ersten Kochversuchen – vom Tütensüppchenkochen bis zum Currywurstschnippeln lernst du die Basics kennen. Und wenn's beim ersten Mal noch nicht klappt: nicht verzagen – du schaffst das!

Gemischter Salat

echt einfach | für 2 Personen | ca. 10 Minuten | 126 kcal/Portion | ~~Mineralwasser~~ Prosecco

Was man so kaufen muss:

Für den Salat:

1 Beutel Salatmischung, z. B. grüner Salat mit Feldsalat, jungem Spinat o.Ä.

Für die Salatsoße:

1 Flasche fertiges Salatdressing, z. B. Balsamico- oder Joghurtdressing

Was man so tun muss:

1. Zuerst stelle man eine Schüssel bereit, die groß genug ist, um den Beutelinhalt aufzunehmen. Dann nehme man eine Küchenschere und schneide vorsichtig den oberen Rand des Plastikbeutels ab. Anschließend den Beutel umdrehen und über der Schüssel gut ausschütteln, sodass der gesamte Inhalt darin landet. Den leeren Plastikbeutel bitte im dafür vorgesehenen Müllbehälter entsorgen.

2. Im nächsten Schritt wird die Salatsoße zubereitet: Dafür die Flasche in die eine Hand nehmen und mit der anderen Hand beherzt zugreifen und den Deckel aufdrehen.

3. Nun wird ein Teil der Soße über den Salat in der Schüssel gegossen und der Rest verbleibt in der Flasche – für den nächsten Salat. Mit einem Salatbesteck vorsichtig die Soße unterheben und den fertigen Salat in kleine Schälchen füllen und servieren.

ÜBRIGENS

Wenn du sehr mutig bist, traust du dich sogar, eine Tomate aufzuschneiden und unter den Salat zu mischen ...

Champignon-Suppe

echt einfach | 2 für 2 Personen | ca. 15 Minuten | 60 kcal/Portion | ~~Pils~~ Prosecco

Was man so kaufen muss:

1 Beutel Champignon-Cremesuppe

Zum Garnieren:

einige Zweige Thymian
1 Champignon

Was man so tun muss:

1. Zuerst wird der Beutel geöffnet (das kennst du ja schon von dem ersten Rezept). Dann füllt man 500 ml kaltes Wasser in einen Topf und rührt mit dem Schneebesen den Beutelinhalt hinein.

2. Der Topf wird nun auf die Herdplatte gestellt und unter Rühren so lange erhitzt, bis die Suppe kocht – erkennbar an den Bläschen, die auf der Oberfläche entstehen. Die Suppe lässt man ca. 6 Minuten kochen und rührt dabei ab und zu mal um. Damit nichts anbrennt, sollte die Hitze heruntergedreht werden.

3. Jetzt kommt das Highlight, die Garnierung: Dafür nehme man die Thymianzweiglein, wasche sie unter fließendem kaltem Wasser und schüttle sie trocken. Der Champignon wird mit einem Tuch vorsichtig abgerieben und dann ebenso vorsichtig in Scheiben geschnitten.

4. Zur Vollendung der Suppen-Kreation verteilt man die Suppe in zwei Teller oder Schalen und dekoriert sie mit den Thymianzweiglein und den Champignonscheiben.

Ravioli aus der Dose

echt einfach | 2 für 2 Personen | ohne Dose öffnen: 5 Min. mit Dose öffnen: 25 Min. | 400 kcal/Portion | ~~trockener Rotwein~~ Prosecco

Dosenöffnersicherheitstraining für Blondinen

Es gibt zahlreiche verschiedene Modelle eines Dosenöffners, welche zudem völlig unterschiedlich funktionieren. Wir verwenden hier den klassischen Dosenöffner Modell „Den hat meine Oma auch".

Nun nimmst du die noch unbeschädigte Dose Ravioli zur Hand und setzt den Dosenöffner an der oberen Kante an.

Du musst darauf achten, dass du einen sicheren Stand hast. Denn jetzt folgt der gefährlichste Moment, welcher deiner uneingeschränkten Aufmerksamkeit und Konzentration bedarf: Es gilt nun, die Dose mittels eines kurzen und energischen Schlages auf den Dosenöffner zu durchstoßen.

Die Dose muss dabei fest auf den Untergrund gepresst werden, damit sie während des Schlages nicht zur Seite entweichen kann, was bösartige Verletzungen zur Folge haben könnte. Hast du dieses Unterfangen erfolgreich gemeistert, kannst du damit beginnen, den Dosenöffner langsam vor- und zurückzuhebeln.

Fahre damit so lange fort, bis du kurz vor dem Ausgangspunkt angelangt bist. Daraufhin ziehst du den Dosenöffner aus der nun offenen Dose und biegst den Deckel vorsichtig nach oben.

Achtung: Die Kante des Deckels ist sehr scharf – es kann leicht zu Schnittverletzungen kommen.

Nun ist die Dose geöffnet und du hast freien Zugriff auf deren Inhalt. Du kannst dich jetzt ein wenig entspannen (z. B. mit einem halbstündigen Anruf bei der Freundin, denn schließlich möchte man seine Erfolgserlebnisse auch mit anderen teilen), um dich nachfolgend auf die Zubereitung des Ravioligerichtes (siehe rechte Seite) zu konzentrieren.

Der vorangegangene Arbeitsablauf wurde von der Redaktion sorgfältig erwogen und geprüft. Es kann jedoch keine Haftung für Personen-, Sach- und / oder Vermögensschäden übernommen werden.

Was man so kaufen muss:

Für die Ravioli:

1 Dose Ravioli
etwas gehobelter Parmesan

Muss ich den Dosenöffner nach links oder nach rechts drehen?

Was man so tun muss:

1. Nimm einen Topf mit ausreichendem Fassungsvermögen für eine Dose Ravioli und schütte den Inhalt der geöffneten Raviolidose vorsichtig in den Topf. Dieser wird dann auf der Herdplatte langsam erhitzt.

2. Du könntest die Ravioli selbstverständlich auch in einer Mikrowelle erhitzen, dies ist jedoch wegen des immensen technischen Wissens, welches man dazu benötigt, nur schwer für dich durchführbar.

3. Beim Erhitzen musst du darauf achten, dass die Ravioli nicht kochen. Auch solltest du ab und zu umrühren, um ein Anbrennen zu vermeiden. Nach etwa 4–5 Minuten kostest du von dem hausgemachten Gericht, um es eventuell mit etwas Pfeffer oder Salz zu verfeinern. (Man nennt dies „abschmecken".)

4. Derselbe Grund, der dich davon abhält, direkt die Herdplatte zu berühren, mahnt dich auch zur Vorsicht während des Abschmeckens: HEISS! Vorheriges, leichtes Anpusten reduziert die Temperatur und verhindert, dass du dir die Zunge verbrennst. Solltest du dies vergessen, wird das zwangsläufig eine gewisse Beeinträchtigung in Bezug auf die Aussprache mit sich führen. Man kann im Allgemeinen davon ausgehen, dass ein Gericht, welches von kleinen lustigen Wölkchen (Dampf) umhüllt wird, sehr heiß ist.

5. Deine Ravioli sind nun fertig und können hübsch in einem tiefen Teller angerichtet werden. Streue noch etwas Parmesan darüber und lass dir dein erstes selbstgemachtes Essen schmecken!

Nudeln mit Pesto

echt einfach | 4 für 4 Personen | ca. 25 Minuten | 772 kcal/Portion | Tafel~~wasser~~ Piccolöchen

Anleitung zum Nudelnkochen

Nudeln kochen ist wirklich kein Hexenwerk! Natürlich musst du verantwortungsvoll mit dem kochenden Wasser umgehen, damit am Ende nicht statt Nudeln auf dem Tisch der Notarzt in der Tür steht.

Zuerst musst du dich für die Nudelsorte entscheiden, denn es gibt nicht nur die allgegenwärtigen Spaghetti, sondern auch so klangvolle Produkte wie Bucatini, Linguine, Farfalle, Fusilli, Pappardelle, Rigatoni … ok, das musst du dir jetzt wirklich nicht merken, du entscheidest dich sowieso für die süßen Schmetterlingsnudeln … Aber ob Farfalle oder Spaghetti, der Kochvorgang ist der gleiche, was sich ändert, sind die Kochzeiten. Und die sind immer auf der Packung vermerkt.

Man benötigt auf jeden Fall einen großen Topf, der zu zwei Dritteln mit Wasser gefüllt wird. Etwas Salz hineingeben und zum Kochen bringen. Dann mit der üblichen Sorgfalt und Vorsicht die Spaghettipackung öffnen und den Inhalt ins Wasser geben. Achtung, Spritzgefahr! Nun heißt es, geduldig daneben stehen und warten, bis die angegebene Kochzeit abgelaufen ist.

Dabei ist es sinnvoll, ab und zu umzurühren, damit die Nudeln nicht zusammenkleben und darauf zu achten, dass das Ganze nicht überkocht. Kurz vor Ablauf der Kochzeit kann man mit einer Gabel vorsichtig ein Nüdelchen aus dem Wasser fischen und durch Verzehr (vorher pusten!) prüfen, ob es al dente, also bissfest, ist.

Jetzt stellt man ein Sieb ins Spülbecken, zieht Kochhandschuhe an und schüttet die Nudeln in das Sieb. Nach dem Abtropfen schüttet man die Nudeln wieder zurück in den Topf und serviert sie sofort mit der jeweiligen Soße.

Na, war doch ganz einfach, oder?

Was man so kaufen muss:

500 g Nudeln, z. B. Spaghetti
1 Glas Pesto Genovese
einige Blättchen Basilikum

Was man so tun muss:

1. Achtung! Jetzt lernst du etwas Grundlegendes, was du immer wieder brauchen wirst in deinem Leben als Hobby-Köchin: Nudeln kochen (siehe genaue Anleitung auf der gegenüberliegenden Seite).

2. Ist Schritt 1 geschafft, wird das Pesto-Glas geöffnet, indem man den Deckel gegen den Uhrzeigersinn dreht (falls du eine Digital-Uhr besitzt, lass dir das Glas vom Nachbarn öffnen). Die Spaghetti vom Sieb zurück in den Topf schütten, das Pesto dazugeben und alles gut durchmischen.

3. Das Basilikum waschen und trocknen. Die Nudeln auf Teller verteilen, mit den Basilikumblättchen und den Tomatenscheiben garnieren und servieren.

Currywurst mit Pommes

echt einfach | 4 für 4 Personen | ca. 35 Minuten | 1073 kcal/Portion | ~~Cola~~ Piccolöchen

Für ganz Mutige: Anleitung zum Frittieren

Du magst die Pommes lieber richtig knackig, frisch und schön fettig? Dann musst du jetzt ganz, ganz stark sein und all deinen Mut zusammennehmen: Denn hier lernst du in vier Schritten, wie man leckere Pommes frites richtig frittiert!

1. Du benötigst natürlich eine Fritteuse (nein, hat nichts mit Friseuse zu tun – kann von einer solchen aber bedient werden …), also ein Gerät, in dem man Pommes frites frittiert. Darin wird ca. 1 Liter gutes Frittierfett auf 140 bis 170 °C erhitzt.

2. Dann füllst du die Pommes in den zur Fritteuse gehörigen Korb, hängst ihn vorsichtig in das heiße Fett und lässt die Pommes ca. 4 Minuten frittieren. Dann hebst du den Korb aus dem Fett, drehst die Temperatur auf 170 bis 190 °C und lässt die Pommes nochmals 4 Minuten frittieren.

3. Achtung: Lass die Pommes nicht zu dunkel werden, denn dann entsteht krebserregendes Acrylamid! Nicht zu verwechseln mit dem Material, aus dem dein super sexy pinkfarbener Pullover besteht …

4. Ist der Frittiervorgang beendet, nimm den Korb aus dem Fett, lass das Fett abtropfen – damit die Kalorienbombe nicht noch bombiger wird – und würze deine ersten selbst frittierten Pommes mit Salz.

5. Geschafft! Du kannst stolz auf dich sein und vor deinem Gast ruhig auch ein bisschen damit angeben!

Was man so kaufen muss:

1 Packung Backofen-Pommes (tiefgekühlt)
4 gebrühte Bratwürste
1 EL Öl
1 Flasche Curry-Ketchup
Currypulver
Salz

Was man so tun muss:

1. Heize zuerst den Backofen (der Herdteil hinter dem Schaufenster!) auf 200 °C Ober- und Unterhitze vor.

2. Nun legst du auf ein Backblech ein Stück Backpapier und breitest darauf die tiefgekühlten Pommes aus. Wenn das kleine rote Licht am Backofen ausgeht, ist die Temperatur erreicht und du kannst das Blech mit den Pommes auf die mittlere Schiene schieben. Nach 18–20 Minuten sind die Pommes fertig. Schau aber besser vorher mal nach, ob sie nicht zu braun werden. Vorsicht beim Herausnehmen des Blechs: Es ist sehr heiß, deshalb bitte Kochhandschuhe anziehen – Blasen an den Händen sind nicht sehr attraktiv!

3. So, jetzt gilt es, ausnahmsweise mal Multi-Tasking-Fähigkeit unter Beweis zu stellen: Während die Pommes im Backofen brutzeln, musst du nämlich die Currywürste zubereiten.

4. Nimm also eine große Grillpfanne und erhitze darin das Öl. Dann legst du vorsichtig die Würste hinein (Achtung: Spritzgefahr! Besser vorher eine Schürze anziehen, sonst bekommt dein Outfit Fettflecken) und brätst sie von beiden Seiten ca. 3 Minuten an.

5. Jetzt kommt das große Finale: Lege die Wurst auf Teller und schneide sie in kleine Stücke. Dann nimmst du die Ketchup-Flasche und schüttest ordentlich Ketchup über die Wurst. Daneben drapierst du die Pommes und als Krönung streust du etwas Currypulver über die Wurst und Salz über die Pommes.

Nicht nur für Erbsenzähler ...

Böhnchen, Tönchen? Egal!

Schöner Blumentopf!

Schmeckt am besten direkt aus der Schüssel.

Wie in Bella Italia!

Wie süüüüüüüß!!

Super zum Abkühlen!

Ziemlich einfach – Rezepte für Hellblonde

Herzlichen Glückwunsch! Die Basics hast du mit Bravour gemeistert. Aber bis zur Kochgöttin ist es noch ein weiter Weg … durch den Küchendschungel. Also zieh' die High Heels aus, binde dein Küchenschürzchen um – und lege los: Zucchini-Carpaccio, Kartoffel-Wedges und Co. fordern dich heraus!

Gurken sind nicht nur gut für den Teint ...

Tomaten-Bruschetta

ziemlich einfach | 4 für 4 Personen | ca. 15 Minuten | 259 kcal/Portion | ~~Weißwein~~ Prosecco

Was man so kaufen muss:

250 g Cocktailtomaten
1 EL italienische Kräuter
2 EL Olivenöl
½ Bund Basilikum
12 Scheiben Baguette
Salz, Pfeffer

Was man so tun muss:

1. Die Tomaten waschen und in kleine Stücke schneiden. Mit den italienischen Kräutern und dem Olivenöl vermischen und mit Salz und Pfeffer würzen.

2. Das Basilikum waschen, trocken schütteln, klein schneiden und unter die Tomaten mischen. Einige Blätter zum Garnieren beiseitelegen.

3. Das Baguette im Toaster goldgelb toasten. Die Tomaten-Mischung darauf verteilen und die Bruschetta mit dem Basilikum garniert servieren.

ÜBRIGENS
Die Brotscheiben vor dem Belegen mit einer Knoblauchzehe abreiben – die Bruschetta wird dadurch besonders aromatisch.

Gurkensalat

MASKEN

Gurken sind nicht nur gut für den Teint ...

ziemlich einfach · 4 für 4 Personen · ca. 10 Minuten · 115 kcal/Portion · ~~Radler~~ Prosecco

Was man so kaufen muss:

Für den Salat:

1 große Salatgurke

Für das Dressing:

1 Beutel Salatsoßen-Mischung mit Dill
3 EL Pflanzenöl

Was man so tun muss:

1. Die Gurke waschen und ganz nach Lust und Laune in Form schneiden. Zum Beispiel: Mit dem Melonenausstecher Kugeln ausstechen oder die Gurke halbieren, mit dem Löffel entkernen und in Scheiben schneiden. Man kann die Gurke auch mit dem Sparschäler in Streifen hobeln oder eben einfach schöne runde Scheiben schneiden.

2. Den Beutelinhalt der Salatsoßen-Mischung mit 3 Esslöffeln Wasser und 3 Esslöffeln Öl verrühren. Mit den Gurken mischen. Zu dem Gurkensalat passen Baguette und Butter.

Rustikaler Feldsalat

ziemlich einfach | 4 für 4 Personen | ca. 20 Minuten | 220 kcal/Portion | ~~Apfelsaftschorle~~ Prosecco

Was man so kaufen muss:

200 g Feldsalat
100 g Rucola
2 Blatt Radicchio
1 Birne
200 g Cocktailtomaten
1 Päckchen Salatsoßen-Fertigmischung
3 EL Pflanzenöl

Was man so tun muss:

1. Den Feldsalat, den Rucola und den Radiccio putzen, waschen und abtropfen lassen.
2. Die Birne waschen, das Kerngehäuse entfernen und das Fruchtfleisch klein würfeln. Die Tomaten waschen und in Viertel schneiden.
3. Den Inhalt der Salatsoßen-Fertigmischung mit 3 Esslöffeln Wasser und dem Öl verrühren.
4. Alle Zutaten auf 4 Tellern anrichten und mit der Salatsoße beträufeln. Dazu passt Baguette.

Ach, echt jetzt?

Das ist DEIN Salat! Denn **Feldsalat** heißt auch „Rapunzel" und wie du ja sicher weißt, hatte die gleichnamige Dame aus Grimms Märchen einen beachtlichen blonden Zopf, mit dem sie sich erfolgreich einen schönen Prinzen an Land (bzw. in den Turm) zog.

Zucchini-Carpaccio

ziemlich einfach | 4 für 4 Personen | ca. 15 Minuten | 134 kcal/Portion | Prosecco Weiß~~weinschorle~~

ÜBRIGENS
Wenn du statt Parmesan gehobelten Pecorino-Käse verwendest, wird das Carpaccio besonders pikant.

Was man so kaufen muss:

400 g Zucchini
1 Päckchen Salatsoßen-Fertigmischung
½ TL Honig
3 EL Olivenöl
1 Tomate
50 g geraspelter Parmesan
Salz, Pfeffer

Was man so tun muss:

1. Die Zucchini waschen und mit einem Gemüsehobel in dünne Scheiben hobeln. Dann auf Tellern anordnen und mit Salz und Pfeffer bestreuen.

2. Den Inhalt der Salatsoßen-Fertigmischung mit 3 Esslöffeln Wasser, dem Honig und dem Öl verrühren und auf den Zucchini verteilen.

3. Die Tomate waschen, vierteln, entkernen und in kleine Würfelchen schneiden. Auf die Zucchini geben, den Parmesan darüberstreuen und servieren.

Ach, echt jetzt?

Bei **Carpaccio** handelt es sich nicht um eine Oper und auch nicht um einen angesagten italienischen Designer … sondern um hauchdünn geschnittene Scheiben von Fleisch, Fisch oder Gemüse. Allerdings passen dir Designer-Kleider besser, wenn du alles nur hauchdünn geschnitten isst!

Erbsen-Suppe

ziemlich einfach | 4 für 4 Personen | ca. 20 Minuten | 294 kcal/Portion | ~~Fassbrause~~ Prosecco

Was man so kaufen muss:

450 g tiefgekühlte Erbsen
250 ml süße Sahne
500 ml Gemüsebrühe
1 Bund Basilikum
etwas Crème fraîche
Chiliflocken oder
Cayennepfeffer

Was man so tun muss:

1. Die tiefgekühlten Erbsen (nicht vorher auftauen!) mit der Sahne und der Gemüsebrühe in einen großen Topf geben, verrühren und zum Kochen bringen. Kurz aufkochen lassen, dann bei mittlerer Hitze ca. 10 Minuten garen, dabei mehrmals umrühren. Die Suppe vom Herd nehmen.

2. Das Basilikum waschen und trocken schütteln. Die Blätter abzupfen und zusammen mit der Erbsensuppe fein pürieren.

3. Die Suppe mit Chili abschmecken. Sollte sie zu dickflüssig sein, kann man noch etwas Gemüsebrühe unterrühren. Mit etwas Crème fraîche und mit einigen Chiliflocken bestreut servieren.

ÜBRIGENS
Für den großen Hunger kannst du die Suppe mit Wurststückchen als Einlage servieren. Damit wird sie zu einem sättigenden Hauptgericht.

Aber bitte mit Sahne!

Avocado-Suppe

ziemlich einfach | 4 für 4 Personen | ca. 20 Minuten | 192 kcal/Portion | ~~Mineralwasser~~ Prosecco

ÜBRIGENS
Keine Lust auf Suppe? Dann mach dir aus den Avocados eine Gesichtsmaske: Eine halbe Avocado mit etwas Honig und Joghurt verrühren, aufs Gesicht auftragen, 15 Minuten einwirken lassen und abwaschen.

Was man so kaufen muss:

2 Beutel Spargel-Cremesuppe
2 Avocados
1 EL Zitronensaft
2–3 EL Orangensaft
einige Blättchen rotes Basilikum
Salz, Pfeffer

Was man so tun muss:

1. Den Inhalt der beiden Beutel Spargel-Cremesuppe mit dem Schneebesen in 800 ml kaltes Wasser einrühren und alles unter Rühren aufkochen. Bei schwacher Hitze 6–7 Minuten weiterkochen lassen und dabei ab und zu umrühren.

2. Die Avocados schälen, das Fruchtfleisch in Stücke schneiden und sofort mit dem Zitronensaft beträufeln, damit es nicht braun wird.

3. Die Avocadostücke in die heiße Spargelcremesuppe geben und pürieren. Sollte die Suppe zu dick sein, noch etwas Wasser nachgießen.

4. Mit dem Orangensaft, Salz und Pfeffer abschmecken und in vorgewärmte Suppenteller, Tassen oder Gläser füllen. Mit den Basilikumblättchen garnieren und sofort servieren.

Veganer Lim@tt@n-Aufstrich

ziemlich einfach | 8 für 8 Portionen | ca. 15 Minuten + 1 Std. Kühlzeit | 76 kcal/Portion | ~~Malzbier~~ Prosecco

Was man so kaufen muss:

2 Stiele Minze
½ Bund Schnittlauch
1 unbehandelte Limette
125 g Margarine
½ TL Kreuzkümmel
Salz, Pfeffer

Was man so tun muss:

1. Die Minze und den Schnittlauch waschen, trocken schütteln und beides in feine Streifen bzw. Röllchen schneiden.

2. Die Limette heiß abspülen, trocken reiben und die Schale abreiben. Die Limette auspressen.

3. Die Margarine mit der abgeriebenen Limettenschale, 2 Esslöffeln Limettensaft, den Kräutern und dem Kreuzkümmel verrühren. Mit Salz und Pfeffer abschmecken.

4. Den Limetten-Aufstrich 1 Stunde kühl stellen und mit dunklem Körnerbrot servieren.

Mit Limette – auch für die Brünette ...

ÜBRIGENS
Limetten-Aufstrich macht sich auch gut auf dem Party-Buffet. Einfach ein bisschen Baguette zum Dippen dazustellen ...

Wrap mit Tomaten und Pinienkernen

ziemlich einfach | 2 für 2 Personen | ca. 20 Minuten | 342 kcal/Portion | ~~Weizenbier~~ Prosecco

Was man so kaufen muss:

2 Tomaten
12 Basilikumblätter
3 EL Pinienkerne
1 TL Balsamico
2 Tortilla-Wraps
2 EL Margarine
6 Blatt Salat
Pfeffer

Was man so tun muss:

1. Die Tomaten waschen, halbieren und in Streifen schneiden. Die Basilikumblätter waschen, trocken schütteln und in Stücke zupfen. Die Pinienkerne in einer Pfanne ohne Fett bei mittlerer Hitze goldgelb rösten, dabei die Pfanne immer wieder ein wenig hin- und herbewegen. Abkühlen lassen.

2. Das Basilikum über die Tomaten streuen, mit den Pinienkernen mischen und mit Balsamico und Pfeffer würzen.

3. Die Wraps nach Packungsanweisung erwärmen und mit Margarine bestreichen. Den Salat und die Tomaten-Pinienkern-Mischung auf den Wraps verteilen und aufrollen. Mit einem Holzspießchen fixieren, damit sie nicht auseinanderfallen.

ÜBRIGENS
Safran enthält ätherische Öle, die speziell die weibliche Begierde anregen.

Reis für Otto,
Reis für Milan …

Risotto Milanese

ziemlich einfach | 4 für 4 Personen | ca. 45 Minuten | 539 kcal/Portion | ~~Weißwein~~ Piccolöchen

Was man so kaufen muss:

2 Gemüsebrühwürfel
1 Zwiebel
50 g Butter
400 g Risottoreis
125 ml trockener Weißwein
0,2 g Safranfäden
50 g Parmesan (am Stück)
etwas glatte Petersilie
Salz, Pfeffer

Was man so tun muss:

1. Die Gemüsebrühwürfel in 1 l heißem Wasser auflösen. Die Zwiebel abziehen und fein würfeln. Die Butter in einem Topf schmelzen und die Zwiebelwürfel darin andünsten. Dann den Reis hinzufügen und unter Rühren glasig dünsten. Den Weißwein dazugießen und bei geringer Hitze unter Rühren einkochen lassen. Die Safranfäden unterrühren.

2. Ca. ⅓ der heißen Gemüsebrühe dazugießen und bei mittlerer Hitze mehrmals umrühren, bis der Reis die Flüssigkeit aufgenommen hat. Die restliche Gemüsebrühe in 2 Portionen hinzufügen und jeweils unter mehrmaligem Rühren warten, bis der Reis die Flüssigkeit aufgenommen hat. Das dauert ca. 25–30 Minuten, dann ist das Risotto fertig. Mit Salz und Pfeffer würzen.

3. Den Parmesan reiben. Das Risotto auf Tellern anrichten und mit dem geriebenen Parmesan und Petersilienblättchen bestreut servieren.

Variante:

Risotto mit grünem Spargel und Erbsen

Für 4 Personen: Die gleichen Zutaten wie für das Risotto Milanese, aber zusätzlich noch 400 g grünen Spargel, 200 g grüne Erbsen (tiefgekühlt) und einige Basilikumblättchen. Den Spargel waschen, im unteren Drittel schälen und in Stücke schneiden. In kochendem Wasser ca. 6 Minuten garen, dabei während den letzten 2 Minuten die Erbsen dazugeben. Alles in ein Sieb schütten und abtropfen lassen. Dann das Risotto wie oben beschrieben zubereiten. Zum Schluss den Spargel und die Erbsen unter das Risotto mischen und mit Parmesan und Basilikumblättchen bestreuen.

Rigatoni mit

Gorgonzola-Soße

ziemlich einfach | 4 für 4 Personen | ca. 20 Minuten | 515 kcal/Portion | ~~Weißwein~~ Prosecco

Was man so kaufen muss:

500 g Rigatoni
200 ml süße Sahne
200 g Gorgonzola
Basilikumblättchen
geriebener Parmesan
Salz, Pfeffer

Was man so tun muss:

1. Die Nudeln nach Packungsanweisung al dente kochen, in ein Sieb abgießen und abtropfen lassen.

2. Die Sahne in einem großen Topf erhitzen. Den Gorgonzola in Stücke schneiden und unter Rühren zur Sahne dazugeben. So lange rühren, bis sich der Käse aufgelöst hat und eine cremige Soße entstanden ist. Mit Salz und Pfeffer abschmecken.

3. Die Nudeln zur Soße geben und alles gut vermischen. Auf Teller verteilen, mit geriebenem Parmesan bestreuen und mit Basilikumblättchen garniert servieren.

ÜBRIGENS

Nach einer Legende erhielt ein Melker Besuch von einer Magd, die ihn während der Nacht derart von der Arbeit ablenkte, dass er am Morgen nicht merkte, dass er die frische Morgenmilch mit der geronnenen vom Vorabend zusammenschüttete. Daraus entstand ein neuer Käse: der Gorgonzola.

Dass Schimmel so gut schmecken kann ...

Spaghetti Carbonara

ziemlich einfach | 4 für 4 Personen | ca. 15 Minuten | 603 kcal/Portion | ~~Rotwein~~ Prosecco

Was man so kaufen muss:

400 g Spaghetti
100 g Pancetta (italienischer Speck), alternativ geräucherter Schinken
3 Eier
100 ml süße Sahne
30 g geriebener Parmesan
Salz, Pfeffer

Was man so tun muss:

1. Die Spaghetti nach Packungsanweisung al dente kochen, in ein Sieb abgießen und abtropfen lassen.
2. Den Pancetta in mundgerechte Stücke schneiden und in einer Pfanne knusprig anbraten. Die Eier in einer Schüssel mit der süßen Sahne, ⅔ des geriebenen Parmesans sowie Salz und Pfeffer gut verrühren.
3. Die Spaghetti zurück in den Kochtopf geben und bei kleiner Hitze mit der Eiersahne verrühren, bis die Masse zu stocken beginnt.
4. Die Spaghetti Carbonara auf Teller verteilen und mit dem restlichen Parmesan bestreut servieren.

Kartoffel-Wedges

ziemlich einfach | 4 für 4 Personen | ca. 70 Minuten | 515 kcal/Portion | ~~Kölsch~~ kühles Blondes

Was man so kaufen muss:

Für die Wedges:

1 kg kleine, vorwiegend festkochende Kartoffeln
1–2 Zweige Rosmarin
3–4 EL Olivenöl
grobes Meersalz

Für das Zaziki:

½ Salatgurke
2–3 Knoblauchzehen
300 g griechischer Joghurt
1 EL Zitronensaft
einige Minzblättchen
Salz, Pfeffer

Für die Salsa:

1 Zwiebel
2 Knoblauchzehen
1 EL Olivenöl
1 Packung stückige Tomaten
1 EL Balsamico
Chilipulver
Salz, Pfeffer

Was man so tun muss:

1. **Für die Wedges** den Backofen auf 180 °C Umluft vorheizen. Die Kartoffeln waschen, schälen und je nach Größe halbieren oder vierteln. Den Rosmarin waschen und trocken schütteln. Die Rosmarinnadeln von den Zweigen streifen und mit den Kartoffelstücken vermischen.

2. Die Kartoffeln auf ein Backblech legen, das Olivenöl darüberträufeln und grobes Meersalz darüberstreuen. Im vorgeheizten Backofen ca. 30 Minuten backen und dabei mit einem Pfannenwender ab und zu wenden. Die fertigen Kartoffeln mit Zaziki und Salsa servieren.

3. **Für das Zaziki** die Gurke schälen und raspeln. Die Knoblauchzehen abziehen und durch eine Knoblauchpresse drücken. Den Joghurt mit der Gurke und dem Knoblauch verrühren, mit Zitronensaft, Salz und Pfeffer würzen und mit einigen Minzblättchen bestreuen.

4. **Für die Salsa** die Zwiebel und den Knoblauch abziehen, fein hacken und im erhitzten Öl andünsten. Die Tomatenstücke hinzugeben, aufkochen lassen und bei niedriger Hitze ca. 20 Minuten köcheln lassen. Mit Balsamico, Chili, Salz und Pfeffer würzen und eventuell pürieren.

Kartoffel-
Wedges
Zaziki
Salsa

Schafskäse-Päckchen

ziemlich einfach | 4 für 4 Personen | ca. 30 Minuten | 250 kcal/Portion | ~~Weißwein~~ Prosecco

Was man so kaufen muss:

300 g Zucchini
4 Stück fester Schafskäse
3 EL Pesto rosso
Salz, Pfeffer

Was man so tun muss:

1. Den Backofen auf 175 °C Umluft vorheizen.
2. Die Zucchini waschen und auf einer Küchenreibe grob raspeln. Mit Salz und Pfeffer würzen.
3. Auf einer Arbeitsfläche 4 Blatt Pergamentpapier auslegen. Jeweils ein Viertel der Zucchiniraspeln und ein Stück Schafskäse darauflegen. Das Pesto rosso mit 2 Esslöffeln Wasser verrühren und auf dem Schafskäse verteilen.
4. Das Pergamentpapier wie ein Bonbon verschließen und die Päckchen im vorgeheizten Backofen ca. 15 Minuten backen.

Ach, echt jetzt?

Eine der berühmtesten Blondinen Hollywoods, **Jean Harlow**, färbte ihre Haare mit einem Mix aus Peroxid, Haushaltsbleiche, Seife und Ammoniak. Leider wurden ihre Haare dadurch so geschädigt, dass sie ausfielen und sie eine Perücke tragen musste.

Brotpizza mit Mais und Paprika

ziemlich einfach | für 2 Personen | ca. 25 Minuten | 472 kcal/Portion | ~~Apfelsaftschorle~~ Prosecco

Was man so kaufen muss:

1 kleines Vollkornfladenbrot
20 g Margarine
100 g passierte Tomaten
1 rote Paprikaschote
5 EL Maiskörner
50 g geriebener Käse, z. B. Emmentaler
2 TL Schnittlauchröllchen
Salz, Pfeffer

Was man so tun muss:

1. Den Backofen auf 175 °C Umluft vorheizen.
2. Das Fladenbrot aufschneiden und mit der Margarine bestreichen. Die passierten Tomaten mit Salz und Pfeffer würzen und auf die Margarine streichen.
3. Die Paprikaschote waschen, putzen und in Streifen schneiden. Den Paprika und den Mais auf den Tomaten verteilen und mit dem Käse bestreuen.
4. Im vorgeheizten Backofen ca. 15 Minuten überbacken. Mit Schnittlauchröllchen bestreut servieren.

Gnocchi in Salbei-Butter

ziemlich einfach | 2 für 2 Personen | ca. 20 Minuten | 629 kcal/Portion | ~~Mineralwasser~~ Prosecco

Was man so kaufen muss:

1 Zwiebel
40 g Butter
500 g Gnocchi
1 EL fein geschnittene Salbeiblätter
40 g Parmesan
Salz, Pfeffer

Was man so tun muss:

1. Die Zwiebel abziehen und fein würfeln. Die Butter in einer Pfanne erhitzen und die Zwiebelwürfel darin andünsten. Die Gnocchi dazugeben und bei mittlerer Hitze ca. 5 Minuten goldgelb braten.

2. Den Salbei zu den Gnocchi geben und mit Salz und Pfeffer abschmecken. Den Parmesan auf einer Reibe oder mit einem Sparschäler grob hobeln. Die Salbei-Gnocchi mit Parmesan bestreut servieren.

ÜBRIGENS
Du hast Probleme mit der Aussprache von „Gnocchi"? Hier eine kleine Hilfestellung: „Gnotschi" ist definitiv falsch – „Njokki" ist richtig, auch wenn es eher japanisch klingt.

Für den großen Hunger!

Kidneybohnen-Pilz-Pfanne

ziemlich einfach | 2 für 2 Personen | ca. 25 Minuten | 448 kcal/Portion | ~~Eistee~~ Prosecco

Was man so kaufen muss:

380 g Kidneybohnen aus der Dose
350 g kleine Champignons
1 EL Rapsöl
1 Päckchen Soßenpulver für helle Soßen
1–2 EL grüner Pfeffer
½ Bund Petersilie

Was man so tun muss:

1. Die Kidneybohnen in einem Sieb abgießen, mit kaltem Wasser abspülen und abtropfen lassen. Die Champignons putzen.

2. Das Öl in einer beschichteten Pfanne erhitzen und die Champignons darin ca. 5 Minuten braten, bis keine Flüssigkeit mehr in der Pfanne ist.

3. Die Pilze etwas zur Seite schieben und 250 ml kaltes Wasser zugießen. Das Soßenpulver unter Rühren dazugeben und aufkochen. Die Kidneybohnen ebenfalls hineingeben und alles heiß werden lassen.

4. Die Pfefferkörner grob hacken und in die Soße geben. Die Petersilie waschen, trocken schütteln, fein hacken und zum Schluss untermischen.

ÜBRIGENS
Fisch enthält Omega-3-Fettsäuren: Keine Angst, klingt zwar gefährlich, ist aber äußerst gesund und schützt das Herz!
Isst ein Hamburger auch Fischburger?

Fischstäbchen-Burger

ziemlich einfach | 2 für 2 Personen | ca. 25 Minuten | 754 kcal/Portion | ~~Alsterwasser~~ kühles Blondes

Was man so kaufen muss:

2 Burger-Brötchen
2 Salatblätter (z.B. heller Eichblattsalat)
1 Tomate
1 EL Öl
6 Fischstäbchen
75 ml Knoblauch-Grillsoße
2 Scheiben Schmelzkäse

Was man so tun muss:

1. Die Burger-Brötchen quer durchschneiden. Die Salatblätter waschen und trocknen. Die Tomate waschen und in Scheiben schneiden.
2. In einer Pfanne das Öl erhitzen und die Fischstäbchen darin auf jeder Seite 3–4 Minuten knusprig braten.
3. Die unteren Hälften der Burger-Brötchen mit etwas Grillsoße bestreichen und mit je 1 Salatblatt, 1 Scheibe Schmelzkäse, 3 Fischstäbchen und einigen Tomatenscheiben belegen.
4. Die restliche Grillsoße darübergeben und die oberen Hälften der Brötchen darauflegen. Dazu schmecken sehr gut Pommes frites (siehe Seite 18).

Varianten:

Dein Gast mag keinen Fisch oder ist sogar Vegetarier? Oder du selbst möchtest mal ein bisschen Abwechslung auf deinem Speiseplan? Kein Problem: Hier sind 2 Burger-Varianten, mit denen du auch für kulinarische Sonderwünsche gewappnet bist.

>> Hähnchen-Burger

Einfach die Fischstäbchen gegen Hähnchen-Stäbchen austauschen. Diese findest du ebenfalls im Tiefkühlregal des Supermarktes. Sie werden genauso zubereitet wie die Fischstäbchen. Statt der hellen Knoblauch-Grillsoße passt hier sehr gut eine etwas kräftigere Soße dazu, z.B. Barbecuesoße.

>> Gemüse-Burger

Für einen vegetarischen Burger nimmst du statt Fischstäbchen tiefgekühlte Gemüsestäbchen. Auch diese gibt es im Tiefkühlregal und sie werden wie die Fischstäbchen auf jeder Seite 3–4 Minuten gebraten. Du kannst zusätzlich ein paar Zwiebelringe auf die Tomaten geben, das macht das Ganze etwas pikanter.

Erdbeereis

ziemlich einfach | 4 für 4 Personen | ca. 10 Minuten | 118 kcal/Portion | ~~Limonade~~ Prosecco

Was man so kaufen muss:

125 ml süße Sahne
3 EL Puderzucker
300 g Erdbeeren
(tiefgekühlt)

Was man so tun muss:

1. Die Sahne mit dem Puderzucker in eine Rührschüssel geben und mit dem Pürierstab ca. 2 Minuten leicht anschlagen.

2. Die tiefgekühlten Erdbeeren (nicht vorher auftauen!) dazugeben und alles mit dem Pürierstab zu einer cremigen Eismasse mixen.

Ach, echt jetzt?

Das Wort **„blond“** stammt von lateinisch „blondus“ ab und bedeutet „gelb“ – und nicht „blöd“, wie manche behaupten …

Die Erdbeere ist eine süße und verführerische Frucht – und zwar in zweifacher Hinsicht: Sie verführt dich dazu, sie zu naschen, aber sie unterstützt dich auch auf vielfältige Weise bei deinen eigenen Verführungskünsten:

- Erdbeeren sind kalorienarm – perfekt für deine Figur!
- Erdbeeren zaubern einen schönen Teint, z. B. in Form einer Maske aus Erdbeeren, Quark und Olivenöl – lässt dich strahlen!
- Erdbeerblond ist eine trendige Haarfarbe und liegt irgendwo zwischen blond und rot – äußerst attraktiv!

Limoncello-Eis

Was man so kaufen muss:

für 8 Personen **I** *196 kcal/Portion*

300 g Joghurt
75 g Puderzucker
abgeriebene Schale und Saft einer unbehandelten Zitrone
175 ml Limoncello
250 ml süße Sahne
einige Minzzweige zum Garnieren

Was man so tun muss:

1. Den Joghurt, den Puderzucker, den Saft und die Schale der Zitrone sowie 75 ml des Limoncello miteinander verrühren. Die Sahne steif schlagen und unter die Limoncello-Masse heben.

2. Die Masse in einer Eismaschine gefrieren lassen. Das Eis mit dem restlichen Limoncello beträufeln und mit etwas Zitronenabrieb und der Minze garniert servieren.

Zitronen-Creme

Was man so kaufen muss:

für 2 Personen **I** *214 kcal/Portion*

125 ml süße Sahne
2 EL + 50 g Lemon Curd (englische Zitronencreme)
1 Zitronenscheibe

Was man so tun muss:

1. Die Sahne mit 50 g Lemon Curd steif schlagen.

2. Je einen Esslöffel Lemon Curd in die Dessertschälchen geben. Die Sahnecreme in einen Spritzbeutel geben und daraufspritzen.

3. Die Zitronenscheibe halbieren und die Zitronencreme damit dekorieren.

Frühstücksbrot mit Bananen

ziemlich einfach | 16 für 16 Scheiben | ca. 60 Minuten | 179 kcal/Portion | ~~Kaffee~~ Piccolöchen

Was man so tun muss:

1. Den Backofen auf 200 °C vorheizen und eine Kastenform (ca. 30 cm) einfetten.

2. Das Mehl und das Backpulver in einer Schüssel vermischen. Die Margarine in kleinen Flöckchen, den Zucker, den Vanillezucker und die Milch dazugeben und alles mit der Gabel zu einem Teig vermengen.

3. Die Bananen mit der Gabel zerdrücken und untermischen. Den Teig in die vorbereitete Kastenform geben und das Brot im vorgeheizten Ofen ca. 45 Minuten backen, bis die Stäbchenprobe (siehe rechte Seite) gelingt.

4. Das Frühstücksbrot etwas abkühlen lassen und aus der Form lösen.

Was man so kaufen muss:

350 g Mehl
2 TL Backpulver
125 g Margarine
125 g Zucker
1 Päckchen Vanillezucker
100 ml Milch
2 reife Bananen

ÜBRIGENS

Um festzustellen, ob der Kuchen durchgebacken ist, nimmst du einen Holzspieß und stichst in den Kuchen hinein. Wenn nach dem Herausziehen kein Teig mehr daran klebt, ist der Kuchen fertig!

Kirsch-Grütze
mit Vanille-Joghurt-Soße

ziemlich einfach | 3 für 3 Personen | ca. 20 Minuten | 278 kcal/Portion | ~~Espresso~~ Prosecco

Was man so kaufen muss:

250 ml Milch
1 Päckchen Vanillepuddingpulver
1 Becher Vanillejoghurt
350 g Sauerkirschen (aus dem Glas)
Zimt
brauner Zucker

Was man so tun muss:

1. Die Milch aufkochen, vom Herd nehmen und 2 Esslöffel des Puddingpulvers mit einem Schneebesen unterrühren. Etwas abkühlen lassen und dann den Joghurt untermischen.

2. Die Kirschen in einem Sieb abtropfen lassen und dabei den Saft auffangen. Den Kirschsaft aufkochen, vom Herd nehmen und das restliche Puddingpulver mit einem Schneebesen unterrühren. Die Kirschen hineingeben und alles mit Zimt und braunem Zucker abschmecken.

3. Die noch heiße Kirschgrütze zusammen mit der Vanille-Joghurt-Soße servieren.

ÜBRIGENS
Wenn's noch schneller gehen soll, kannst du zur Kirschgrütze einfach Vanillejoghurt pur servieren.

Schoko-Pistazien-Mousse

ziemlich einfach | 6 für 6 Personen | ca. 25 Min. + 30 Min. Kühlzeit | 425 kcal/Portion | ~~Espresso~~ Prosecco

Was man so kaufen muss:

100 g Zartbitterschokolade
250 ml süße Sahne
1 EL Puderzucker
200 g Kekse
gehackte Pistazien zum Bestreuen

Was man so tun muss:

1. Die Kekse in einen Gefrierbeutel geben und mithilfe eines Nudelholzes zerkrümeln.
2. In einem Topf 50 ml der Sahne zusammen mit der Schokolade bei schwacher Hitze schmelzen.
3. Die restliche Sahne und den Puderzucker mit dem elektrischen Handrührgerät steif schlagen und die geschmolzene Schokolade unterrühren.
4. Die zerbröselten Kekse in Portionsschälchen verteilen und die Schokomousse daraufgeben. Mindestens 30 Minuten kühl stellen und dann mit gehackten Pistazien bestreut servieren.

Ach, echt jetzt?

Obwohl uns von fast jedem **Titelblatt** eine Blondine anlächelt, sind nur knapp 2% der Weltbevölkerung von Natur aus blond!

Sind die Kartoffeln nicht süß?

Viva España – olé!

Kichererbsen – hihihihihi!

Endlich was mit Wurst!

Ich kann auch backen!

Alle guten Dinge sind drei!

ER will immer nur Fleisch ...

Echt schwer –
Rezepte für Mittelblonde

Respekt! Du hast dich tapfer geschlagen und bist bereit, den letzten Gipfel zu erklimmen – und so manche Brünette vom Thron zu stoßen! Also bewaffne dich mit Kochlöffel, Messer und Mixer und stürze dich auf die Zubereitung von Paella, Süßkartoffel-Curry oder Blaubeerpfannkuchen. Der Ruhm ist dir gewiss!

Spargelsalat mit Erdbeeren

echt schwer | 4 für 4 Personen | ca. 40 Minuten | 228 kcal/Portion | ~~Rhabarberschorle~~ Prosecco

Was man so kaufen muss:

500 g weißer Spargel
1 Avocado
½ Zitrone
250 g Erdbeeren
1 Päckchen Salatsoßenmischung mit Kräutern
3 EL Rapsöl
200 g Blattsalat

Was man so tun muss:

1. Den Spargel mit einem Sparschäler schälen, die Enden abschneiden und die Stangen in Stücke schneiden.

2. Die Spargelstücke in kochendem Wasser 8–10 Minuten garen. In ein Sieb abgießen und mit kaltem Wasser abschrecken.

3. Die Zitrone auspressen. Die Avocado halbieren, den Kern herauslösen und die Schale entfernen. Das Fruchtfleisch in Scheiben schneiden und mit dem Zitronensaft beträufeln. Die Erdbeeren putzen, waschen und halbieren.

4. Die Salatsoßenmischung mit dem Öl und 3 Esslöffeln Wasser anrühren. Den Salat waschen und trocken schleudern.

5. Die Salatblätter, den Spargel, die Avocado und die Erdbeeren auf Tellern anrichten, die Salatsoße darübergeben und sofort servieren.

Bunter Feldsalat

echt schwer | 4 für 4 Personen | ca. 35 Minuten | 420 kcal/Portion | ~~Apfelschorle~~ Prosecco

ÜBRIGENS
Das Superfood Cashewnuss ist nicht nur gesund – wegen des hohen Zink-Gehalts macht es auch gute Laune!

Was man so kaufen muss:

300 g Feldsalat
4 Eier
eine Handvoll Cashewnüsse
2 Tomaten
200 g kleine Mozzarella-Kugeln
1 kleine Dose Mais
2 EL Olivenöl
1 EL Balsamico
1 TL Senf
Salz, grob gemahlener Pfeffer

Was man so tun muss:

1. Den Feldsalat waschen, putzen und trocken schleudern. Die Eier in ca. 10 Minuten hart kochen. Die Cashewnüsse in einer Pfanne ohne Fett etwas anrösten.

2. Die Tomaten waschen, den Strunk herausschneiden und die Tomaten in Spalten schneiden. Die Mozzarella-Kugeln abtropfen lassen und halbieren. Die abgekühlten Eier pellen und vierteln.

3. Aus dem Öl, dem Essig, dem Senf, Salz und Pfeffer eine Salatsoße rühren. In einer Schüssel den Feldsalat, die Eier, die Tomaten, den Mozzarella, die Nüsse und den abgetropften Mais vorsichtig mit der Salatsoße vermischen.

Kräuter-Fischsuppe

echt schwer | 4 für 4 Personen | ca. 40 Minuten | 344 kcal/Portion | ~~Weißwein~~ Prosecco

Was man so kaufen muss:

500 g Fischfilet (z. B. Lachs und Rotbarsch)
Saft einer Zitrone
1 Schalotte
125 g Champignons
1 gelbe Paprikaschote
1 Tomate
1 Bund Petersilie
2 EL Margarine
150 ml Crème fraîche
600 ml Kräuterbouillon
Salz, Pfeffer

Was man so tun muss:

1. Das Fischfilet waschen, mit Küchenkrepp trocken tupfen und mit dem Saft einer halben Zitrone beträufeln. Den Fisch salzen und in kleine Stücke schneiden. Die Schalotte schälen und fein würfeln. Die Champignons putzen und halbieren. Die Paprika und die Tomate waschen und entkernen. Eine Hälfte der Paprika grob würfeln, die andere Hälfte und die Tomate fein würfeln.

2. Die Petersilie waschen, trocken tupfen und fein hacken. Die Margarine in einem Topf erhitzen und die Schalotte, die Champignons und die Paprikawürfel darin andünsten. Die Crème fraîche und die Kräuterbouillon dazugeben und aufkochen lassen. Den Fisch dazugeben und ca. 10 Minuten bei schwacher Hitze gar ziehen lassen.

3. Die Fischsuppe mit Salz, Pfeffer und Zitronensaft pikant abschmecken. Auf Teller verteilen, mit Paprika- und Tomatenwürfeln und Petersilie garniert servieren.

Kokos-Fisch-Curry

echt schwer | 2 für 2 Personen | ca. 30 Minuten + Auftauzeit | 235 kcal/Portion | ~~grüner Tee~~ Prosecco

Was man so kaufen muss:

250 g Kabeljau (tiefgekühlt)
1 walnussgroßes Stück Ingwer
1 kleine rote Chilischote
1 Beutel Zitronen-Buttersoße
200 ml Kokosmilch
1–2 TL Currypulver
1 EL Zitronensaft
Salz

Was man so tun muss:

1. Den Fisch über Nacht im Kühlschrank auftauen lassen. Den Ingwer schälen und fein hacken. Die Chilischote halbieren, entkernen und fein hacken.

2. Die Zitronen-Buttersoße mit der Kokosmilch und 100 ml kaltem Wasser unter Rühren aufkochen. Das Currypulver unterrühren und den Ingwer und die Chilischote hinzufügen.

3. Den Fisch in Würfel schneiden, mit dem Zitronensaft beträufeln und salzen. Den Fisch in die Soße geben und zugedeckt 8–10 Minuten bei schwacher Hitze garen. Zwischendurch einmal umrühren und zum Schluss mit Zitronensaft abschmecken. Dazu passt Reis.

ÜBRIGENS
Falls du alle drei Crostini-Sorten herstellen möchtest, solltest du vor dem Bestreichen etwas Avocadocreme und einige Frühlingszwiebelröllchen zurückbehalten, um dann die restlichen Crostini damit zu dekorieren.

Verschiedene Crostini

echt schwer | 4 für 4 Personen | ca. 40 Minuten | 433 kcal/Portion | Prosecco

Was man so kaufen muss:

Für die Crostini mit Avocadocreme:

8 Scheiben Baguette
1 reife Avocado
2 Frühlingszwiebeln
2 EL Crème fraîche
Cayennepfeffer
Salz

Für die Crostini mit Ziegenfrischkäse:

8 Scheiben Baguette
4 Cocktailtomaten
140 g Ziegenfrischkäse

Für die Crostini mit Tapenade:

8 Scheiben Baguette
6 Sardellenfilets
150 g entsteinte schwarze Oliven
30 g Kapern
1 EL Zitronensaft
1 EL Olivenöl

Was man so tun muss:

1. Für die Crostini den Backofen auf 220 °C vorheizen. Die Baguettescheiben auf einem Rost im vorgeheizten Backofen ca. 10 Minuten goldgelb rösten. Alternativ kann man die Baguettescheiben auch im Toaster rösten.

2. Für die Avocadocreme die Avocado halbieren, den Kern herauslösen und die Schale entfernen. Das Fruchtfleisch mit einer Gabel zerdrücken, mit der Crème fraîche verrühren und mit Cayennepfeffer und Salz würzen. Die Frühlingszwiebeln waschen, putzen und fein hacken. Die Avocadocreme auf den Baguettescheiben verteilen, mit den Frühlingszwiebeln bestreuen und sofort servieren.

3. Für den Ziegenfrischkäse die Tomaten waschen und in Scheiben schneiden. Den Ziegenfrischkäse auf den Baguettescheiben verteilen, mit Tomatenscheiben belegen und mit Frühlingszwiebelröllchen bestreut servieren.

4. Für die Tapenade die Sardellenfilets unter kaltem Wasser abspülen, damit sie nicht zu salzig sind. Die Oliven und die Sardellenfilets klein schneiden. Zusammen mit den Kapern, dem Zitronensaft und dem Olivenöl im Mixer zu einer cremigen Masse pürieren. Die Tapenade auf gerösteten Baguettescheiben verteilen und mit etwas Avocadocreme und Frühlingszwiebelröllchen garniert servieren.

Spanische Paella

OLÉ!

echt schwer | 3 für 3 Personen | ca. 25 Minuten | 519 kcal/Portion | ~~Sangria~~ Prosecco

Was man so kaufen muss:

1 Knoblauchzehe
1 EL Olivenöl
350 ml Gemüsebrühe
0,1 g Safran
150 g Rundkornreis
225 g Gemüsemischung (tiefgekühlt)
275 g Meeresfruchte (tiefgekühlt)
Salz, Pfeffer

Was man so tun muss:

1. Die Knoblauchzehe abziehen und fein würfeln. In einer tiefen Pfanne oder einer Paellapfanne das Öl erhitzen und den Knoblauch darin kurz andünsten.

2. Die Gemüsebrühe zugießen und aufkochen. Den Safran darin auflösen, den Reis hinzufügen und zugedeckt 3 Minuten garen.

3. Das tiefgekühlte Gemüse und die Meeresfrüchte auf den Reis geben und weitere 7 Minuten zugedeckt garen. Dafür die Hitze etwas höher schalten, damit der Kochvorgang nicht unterbrochen wird.

4. Das Gemüse und die Meeresfrüchte unter den Reis mischen, mit Pfeffer abschmecken und die Paella servieren.

Meeresfrüchte regen die Testosteron-Produktion an!

Spaghetti mit Venusmuscheln

echt schwer | 2 für 2 Personen | ca. 30 Minuten | 477 kcal/Portion | ~~Weißwein~~ Prosecco

Was man so kaufen muss:

1 große Zucchini
1 EL Olivenöl
250 g Venusmuscheln
100 g stückige Tomaten
125 ml trockener Sekt
1 Prise Safran
2 EL Soßenbinder für helle Soßen
200 g Spaghetti
einige Basilikumblätter
Salz, Pfeffer

Was man so tun muss:

1. Die Zucchini waschen und mit einem Kugelausstecher das Fruchtfleisch ausstechen (die Reste anderweitig verwenden). Das Olivenöl erhitzen und die Zucchinikugeln darin 1–2 Minuten braten und warm stellen.

2. Die Venusmuscheln gründlich waschen und die geöffneten Muscheln wegwerfen. Die Muscheln mit 100 ml Wasser in einen Topf geben und 1–2 Minuten garen. Mit einer Schaumkelle herausnehmen und nun die ungeöffneten Muscheln entfernen.

3. Die Tomaten und den Sekt zum Muschelsud geben und mit Safran, Salz und Pfeffer würzen. Kurz aufkochen, den Soßenbinder einrühren und unter Rühren 1 Minute köcheln lassen.

4. Die Spaghetti in reichlich Salzwasser nach Packungsanleitung al dente kochen, abgießen und abtropfen lassen. Mit den Zucchinikugeln, den Muscheln und der Soße mischen. Mit Basilikumblättchen bestreut servieren.

Süßkartoffel-Curry

echt schwer | 3 für 3 Personen | ca. 35 Minuten | 557 kcal/Portion | ~~Ingwerwasser~~ Prosecco

Was man so kaufen muss:

500 g Süßkartoffeln
1 Zwiebel
1 walnussgroßes Stück Ingwer
1 Stange Zitronengras
2 EL Pflanzenmargarine
1 TL Currypulver
1 TL Kurkuma
400 ml Kokosmilch
150 g Erbsen (tiefgekühlt)
1 EL Mehl
2 EL gehackter Koriander
Salz

Was man so tun muss:

1. Die Süßkartoffeln schälen und in mundgerechte Stücke schneiden. Die Zwiebel abziehen, den Ingwer schälen und beides fein hacken. Das Zitronengras in 3 Stücke schneiden und mit dem flachen Messer etwas andrücken.

2. In einem Wok oder in einem großen Topf 1 Esslöffel Margarine zerlassen. Die Süßkartoffeln, die Zwiebel und den Ingwer hinzufügen und 3–4 Minuten dünsten. Das Curry und das Kurkuma dazugeben und kurz mitanschwitzen. Die Kokosmilch zugießen und 10 Minuten bei mittlerer Hitze garen. 4 Minuten vor Ende der Garzeit die Erbsen hineingeben.

3. Das Mehl mit der restlichen Margarine mit einer Gabel vermischen. In das Curry geben, um die Soße zu binden, und mit Salz abschmecken. Das Süßkartoffel-Curry mit Koriander bestreut servieren. Zu dem Curry passt sehr gut Basmati-Reis.

Kartoffel-Rosenkohl-Eintopf mit Cabanossi

echt schwer | 3 für 3 Personen | ca. 35 Minuten | 396 kcal/Portion | ~~Lagerbier~~ Prosecco

Was man so kaufen muss:

400 g Kartoffeln
250 g Rosenkohl
250 g Hokkaido-Kürbis
1 EL Öl
1 Beutel Hackfleisch-Käse-Suppe (Fertigprodukt)
80 g Cabanossi
50 ml süße Sahne
Muskatnuss
Salz, Pfeffer

Was man so tun muss:

1. Die Kartoffeln schälen und in kleine Würfel schneiden. Den Rosenkohl putzen und je nach Größe halbieren oder vierteln. Beim Kürbis die Kerne entfernen und das Fruchtfleisch in Würfel schneiden.

2. In einem Topf das Öl erhitzen und darin die Kartoffeln und den Rosenkohl anbraten. 750 ml Wasser angießen und den Beutelinhalt Hackfleisch-Käse-Suppe einrühren. Unter Rühren aufkochen und bei mittlerer Hitze zugedeckt ca. 5 Minuten kochen lassen.

3. Die Cabanossi in Scheiben schneiden. Mit dem Kürbis und der Sahne zum Eintopf geben und weitere ca. 10 Minuten garen. Mit Muskatnuss, Salz und Pfeffer abschmecken und servieren.

Rindersteak
mit Pilzsoße und Süßkartoffelwedges

echt schwer | 4 für 4 Personen | ca. 50 Minuten | 776 kcal/Portion | ~~Pils~~ Piccolöchen

Was man so tun muss:

1. Die Rindersteaks 30 Minuten vor der Zubereitung aus dem Kühlschrank nehmen. Den Backofen auf 200 °C vorheizen.

2. Die Pilze putzen und klein schneiden. Die Schalotte abziehen und fein hacken. Den Schnittlauch waschen und in Röllchen schneiden. Die Süßkartoffeln schälen, halbieren und in Spalten schneiden. Lange Spalten noch einmal quer halbieren.

3. Die Süßkartoffeln in einer Schüssel mit 2 Esslöffeln Rapsöl und dem Majoran vermischen. Mit Salz und Pfeffer würzen. Auf ein Backblech geben und im Backofen ca. 15 Minuten backen.

4. Die Pilze in einer großen Pfanne in 1 Esslöffel Öl bei starker Hitze 4 Minuten anbraten. Die Schalotten dazugeben und weitere 3 Minuten braten. Den Geflügelfond zugießen und etwas einkochen lassen. Die Sahne hinzufügen und die Soße bei mittlerer Hitze cremig einkochen. Mit Pfeffer und Zitronensaft abschmecken und den Schnittlauch untermischen.

5. Die Rindersteaks in 2 Esslöffeln Öl bei starker Hitze je Seite 1 Minute anbraten. Bei mittlerer Hitze je nach gewünschtem Garpunkt 1–2 Minuten pro Seite weiterbraten.

6. Die Rindersteaks mit der Pilzsoße und den Süßkartoffelwedges auf Tellern anrichten und servieren.

ÜBRIGENS
Das Steak ist *rare* (blutig) nach 2–3 Minuten Bratzeit pro Seite, *medium* (mittel durch) nach 3–5 Minuten und *well done* (ganz durch) nach 4–8 Minuten, je nach Dicke des Steaks.

Was man so kaufen muss:

600 g gemischte Pilze
1 Schalotte
½ Bund Schnittlauch
1 kg Süßkartoffeln
5 EL Rapsöl
1 TL Majoran
200 ml Geflügelfond
100 ml süße Sahne
1–2 TL Zitronensaft
600 g magere Rindersteaks
Salz, Pfeffer

Pizza mit
Ziegenfrischkäse

echt schwer | für 1 Backblech | ca. 50 Minuten | 382 kcal/Portion | ~~Limonade~~ Prosecco

Was man so kaufen muss:

3 Frühlingszwiebeln
70 g Butter
1 TL Zucker
250 g passierte Tomaten
etwas Oregano
400 g Pizzateig (aus dem Kühlregal)
1 Zweig Rosmarin
30 g getrocknete Tomaten
40 g Rucola
200 g Ziegenfrischkäse
Salz, Pfeffer

Was man so tun muss:

1. Den Backofen auf 220 °C vorheizen.

2. Die Frühlingszwiebeln putzen, in dünne Ringe schneiden und in 20 g Butter bei milder Hitze glasig dünsten. Mit dem Zucker bestreuen und die Tomaten hinzufügen. Bei mittlerer Hitze 5 Minuten einkochen lassen und mit Oregano, Salz und Pfeffer würzen.

3. Den Pizzateig nach Packungsanleitung mit dem Backpapier auf einem Backblech ausrollen. Gleichmäßig mit der Tomatensoße bestreichen und im vorgeheizten Backofen auf der 2. Schiene von unten 10 Minuten vorbacken.

4. Den Rosmarin waschen, trocken schütteln und fein hacken. Die getrockneten Tomaten in Streifen schneiden. 50 g Butter in einer kleinen Pfanne schmelzen, den Rosmarin und die Tomaten dazugeben und kurz darin schwenken. Den Rucola waschen, putzen und grob zerpflücken.

5. Den Ziegenfrischkäse auf der Pizza verteilen und nochmals 10 Minuten backen. Vor dem Servieren mit dem Rucola bestreuen und mit der Rosmarinbutter beträufeln.

Rucola – schöner Mädchenname …

Hähnchenragout

echt schwer | 4 für 4 Personen | ca. 40 Minuten | 392 kcal/Portion | ~~Weißwein~~ Prosecco

Was man so kaufen muss:

500 g Hähnchenbrust
1 EL Öl
1 Lorbeerblatt
3 Pimentkörner
1 Blatt Liebstöckel
100 g Champignons
500 ml Fleischbrühe
100 ml süße Sahne
4 EL Mehlschwitze (Fertigprodukt)
100 g Gouda oder Emmentaler
Petersilie zum Garnieren
Zitrone zum Garnieren

Was man so tun muss:

1. Die Hähnchenbrustfilets abspülen, trocken tupfen und in Würfel schneiden. In einem Topf das Öl erhitzen und das Fleisch darin kurz anbraten. Den Lorbeer, den Piment und das Liebstöckel dazugeben.

2. Die Champignons putzen und in Scheiben schneiden. In die Pfanne geben und mit dem Fleisch kurz anbraten. Die Brühe zugießen und alles bei schwacher Hitze ca. 10 Minuten gar ziehen lassen. Die Sahne unterrühren und mit Salz und Pfeffer würzen.

3. Alles aufkochen und die Mehlschwitze einrühren, unter Rühren 1 Minute kochen lassen.

4. Den Lorbeer, den Piment und das Liebstöckelblatt entfernen und das Hähnchenragout in eine feuerfeste Form geben. Den Käse reiben und darüberstreuen.

5. Unter dem Grill kurz überbacken. Mit Petersilie und Zitrone garniert servieren.

Fleischbällchen mit Gnocchi

echt schwer | für 3 Personen | ca. 40 Minuten | 670 kcal/Portion | ~~Kölsch~~ Prosecco

ÜBRIGENS
Gnocchi sind kleine Klößchen aus Kartoffelteig, ähnlich den Schupfnudeln.

Serviere dazu einen Dip, z. B. Schafskäse-Paprika oder Hummus.

Was man so kaufen muss:

1 rote Zwiebel
1 kleine Zucchini
1 TL Oregano
300 g Rinderhackfleisch
1 Ei
2 EL Paniermehl
2 EL Olivenöl
400 g Gnocchi
2 EL geriebener Parmesan
einige Salbeiblätter
400 g Tomatensoße mit Kräutern (aus dem Glas)
Salz, Pfeffer

Was man so tun muss:

1. Die Zwiebel abziehen und fein hacken. Die Zucchini waschen, putzen, halbieren und schräg in schmale Streifen schneiden.

2. Das Hackfleisch mit der Zwiebel, dem Oregano, dem Ei und dem Paniermehl vermischen und mit Salz und Pfeffer würzen. Die Hände mit kaltem Wasser anfeuchten und aus der Fleischmasse ca. 20 kleine Bällchen formen.

3. Das Öl in einer Pfanne erhitzen und die Hackbällchen darin rundherum ca. 7 Minuten anbraten. Die Zucchinischeiben dazugeben und mitbraten. Die Salbeiblätter und die Tomatensoße hinzufügen, mit Salz und Pfeffer abschmecken und alles erwärmen.

4. Die Gnocchi nach Packungsanleitung in Salzwasser garen, abgießen und abtropfen lassen. Die Gnocchi zusammen mit den Fleischbällchen auf Tellern anrichten, mit der restlichen Petersilie und dem Parmesan bestreuen und servieren.

Blaubeer-Pfannkuchen

echt schwer | 4 für 4 Personen | ca. 35 Minuten | 570 kcal/Portion | ~~Holunderblütensaft~~ Prosecco

Was man so kaufen muss:

125 g süße Sahne
50 g Lemon Curd
(aus dem Glas)
1 TL Vanillezucker
200 g Mehl
1 TL Backpulver
50 g Zucker
50 g Margarine +
8 TL Margarine
200 ml Buttermilch
2 Eier
250 g Blaubeeren
Salz

Was man so tun muss:

1. Für die Zitronencreme die süße Sahne mit dem Lemon Curd und dem Vanillezucker steif schlagen.

2. Für die Pfannkuchen das Mehl mit dem Backpulver, dem Zucker und einer Prise Salz vermischen. In einer Pfanne 50 g Margarine schmelzen und zu der Mehlmischung geben. Die Buttermilch und die Eier hinzufügen und alle Zutaten mit einem Schneebesen zu einem glatten Teig verrühren. 125 g Blaubeeren untermischen.

3. Nach und nach 8 Blaubeerpfannkuchen backen. Dafür in der Pfanne jeweils 1 TL Margarine erhitzen und eine kleine Schöpfkelle Teig hineingeben. Den Pfannkuchen so lange backen, bis sich an der Oberfläche kleine Bläschen bilden. Den Pfannkuchen wenden und auf der anderen Seite ebenfalls leicht goldbraun backen.

4. Die Blaubeerpfannkuchen zusammen mit der Zitronencreme und den restlichen Blaubeeren anrichten und servieren.

ÜBRIGENS

Blaubeeren gehören zu den Superfoods und steigern nicht nur das gesundheitliche Befinden, sondern auch die Gehirnleistung. Also fleißig Blaubeeren futtern – und du zeigst es allen, die an das Klischee vom „blonden Dummchen“ glauben!

Obst-Muffins

echt schwer | 18 für 18 Stück | ca. 50 Minuten | 152 kcal/Stück | ~~Kaffee~~ Prosecco

Was man so kaufen muss:

2 Eier
100 g Zucker
75 ml Pflanzenöl
250 ml Milch
150 g Weizenvollkornmehl
1 Päckchen Backpulver
½ TL Zimt
400 g gemischtes Obst
Salz
Puderzucker zum Bestäuben

Was man so tun muss:

1. Den Backofen auf 200 °C vorheizen.
2. Die Eier, den Zucker und eine Prise Salz in eine Schüssel geben und mit dem Handrührgerät gut verrühren. Das Öl und die Milch dazugießen. Das Mehl, das Backpulver und den Zimt ebenfalls dazugeben und kurz unterrühren.
3. Das Obst waschen, evtl. entsteinen oder entkernen, klein schneiden und unter den Teig heben. Den Teig in Papier-Backförmchen (7 cm Durchmesser) füllen und im vorgeheizten Backofen ca. 30 Minuten backen.
4. Die Muffins mit Puderzucker bestäuben und servieren.

Schokokuchen-Würfel

echt schwer | 4 für 4 Personen | ca. 20 Minuten | 271 kcal/Portion | ~~Espresso~~ Prosecco

Was man so kaufen muss:

200 ml Weißwein
1 Teebeutel für Glühwein
1 Zimtstange
75 ml frisch gepresster Orangensaft
1–2 TL brauner Zucker
1 EL Soßenbinder für helle Soßen
2 Feigen
200 g Schokoladenkuchen
einige Himbeeren und Zimtstangen
Zimt und Kakao zum Bestäuben

Was man so tun muss:

1. Den Weißwein kurz aufkochen. Den Teebeutel und die Zimtstange darin 5 Minuten ziehen lassen, dann wieder herausnehmen. Den Orangensaft hinzufügen und mit Zucker abschmecken. Den Soßenbinder einstreuen und unter Rühren 1 Minute kochen.

2. Die Feigen halbieren, den Kuchen in Würfel schneiden und mit der heißen Soße beträufeln. Mit Himbeeren und Zimtstange portionsweise anrichten.

3. Zum Verzieren je eine Gabel auf den Tellerrand legen. Den Zimt mit dem Kakao vermischen, über die Gabel stäuben und die Gabel vorsichtig wieder entfernen.

ÜBRIGENS
Statt der Gabel kannst du auch eine Schablone nehmen, z.B. ein Herz ...

Fruchtig-schokoladige Verführung ...

Obstsalat mit Kokoscreme

echt schwer | 4 für 4 Personen | ca. 25 Minuten | 660 kcal/Portion | ~~Likör~~ Prosecco

Vor dem Verzehr immer waschen – das Obst natürlich ...

Was man so kaufen muss:

500 g Erdbeeren
2 Kiwis
200 g Heidelbeeren
1 Päckchen Vanillezucker
100 ml süße Sahne
50 ml Kokosmilch
2 TL Zucker

Was man so tun muss:

1. Die Erdbeeren waschen, putzen und den Stielansatz entfernen. Die Kiwis schälen und die Heidelbeeren waschen und verlesen.

2. Die Erdbeeren vierteln, die Kiwis halbieren und in Scheiben schneiden. Das Obst mit dem Vanillezucker mischen und kühl stellen.

3. Die Sahne mit den Quirlen des Handrührgeräts steif schlagen und währenddessen die Kokosmilch und den Zucker dazugeben.

4. Den Obstsalat zusammen mit der Kokoscreme servieren.

Nougat-Marmorkuchen

echt schwer | 1 für 1 Kastenform | ca. 1 Stunde und 40 Minuten | 660 kcal/Portion | ~~Latte Macchiato~~ kühles Blondes

Was man so kaufen muss:

250 g Margarine
175 g Zucker
5 Eier
200 g Mehl
50 g Speisestärke
½ Päckchen Backpulver
1 Prise Salz
1 Päckchen geriebene Orangenschale
100 g Nougat
2 EL Semmelbrösel

Was man so tun muss:

1. Den Backofen auf 175 °C vorheizen.

2. Die Margarine und den Zucker mit den Quirlen des Handrührers cremig rühren. Die Eier trennen und die Eigelbe nacheinander unter die Margarinecreme rühren. Das Mehl, die Speisestärke, das Backpulver und das Salz vermischen, sieben und esslöffelweise unter die Creme rühren.

3. Den Teig halbieren und die eine Hälfte mit der Orangenschale verrühren. Den Nougat in kleine Würfel schneiden und mit der anderen Hälfte des Teiges verrühren.

4. Das Eiweiß sehr steif schlagen, jeweils eine Hälfte des Eischnees unter jeden Teigteil geben und vorsichtig unterheben. Die Form mit Margarine gut einfetten und mit Semmelbrösel ausstreuen.

5. Erst den hellen Teig in die Form geben und dann den dunklen Teig auf dem hellen verteilen. Im vorgeheizten Backofen ca. 75 Minuten backen, bis die Stäbchenprobe gelingt (siehe Seite 49). Den Kuchen die letzten 20 Minuten mit Alufolie abdecken, damit er nicht zu dunkel wird.

6. Den Kuchen aus dem Ofen nehmen, ca. 5 Minuten in der Form abkühlen und zum Auskühlen auf ein Kuchengitter stürzen.

Variante:

>> Wenn du den Nougat durch 50 g Kakaopulver und 50 g geraspelte Schokolade ersetzt, wird daraus ein Schoko-Marmorkuchen. Es gibt bereits fertig geraspelte Schokolade zu kaufen – du brauchst also keine Smarties zu schälen …

Blond und brünett – süß vereint!